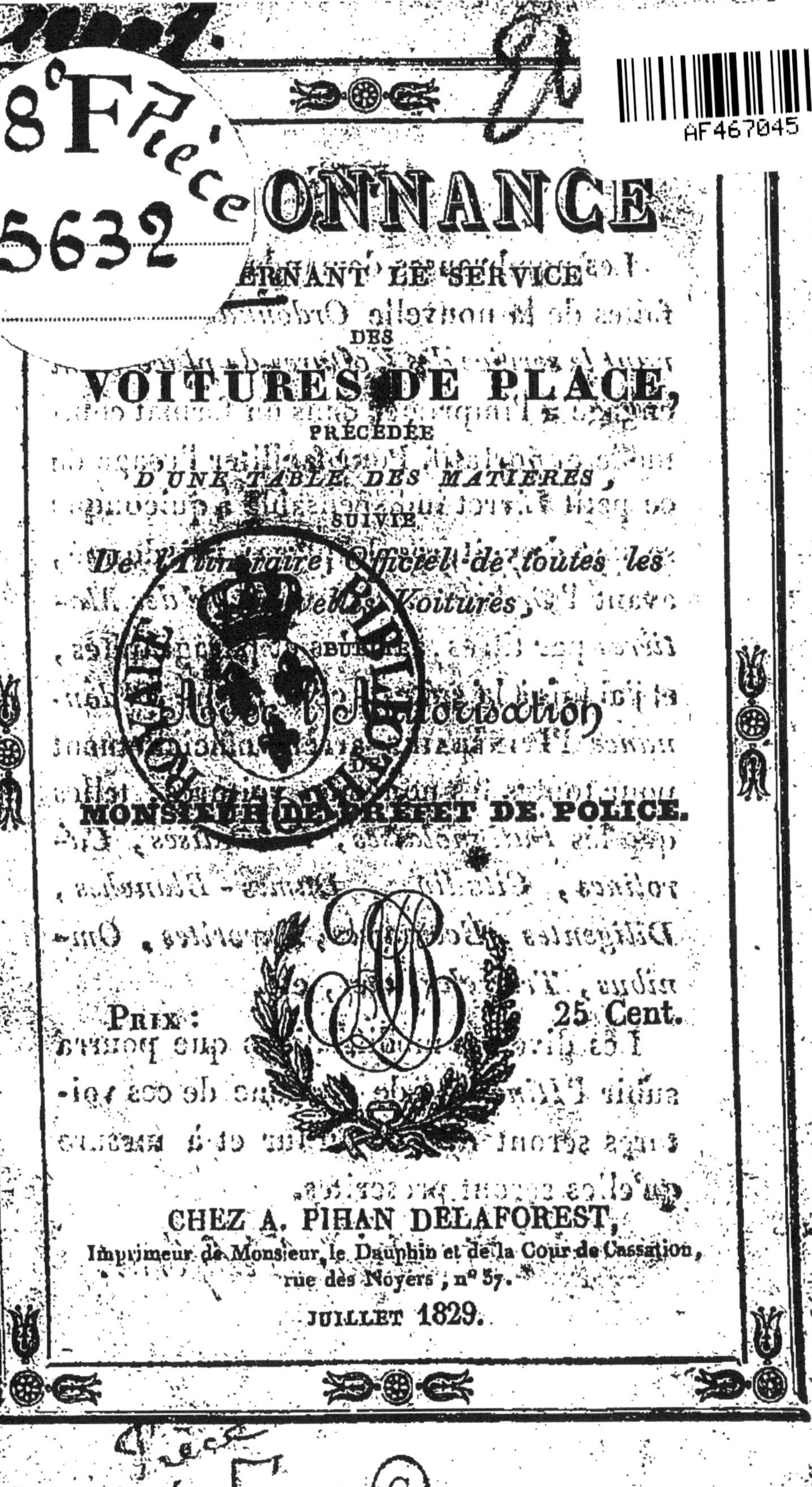

ORDONNANCE

CONCERNANT LE SERVICE

DES

VOITURES DE PLACE,

PRÉCÉDÉE

D'UNE TABLE DES MATIÈRES,

SUIVIE

De l'Itinéraire Officiel de toutes les Nouvelles Voitures,

PUBLIÉE

Avec l'Autorisation

DE

MONSIEUR LE PRÉFET DE POLICE.

PRIX : 25 Cent.

CHEZ A. PIHAN DELAFOREST,
Imprimeur de Monsieur, le Dauphin et de la Cour de Cassation,
rue des Noyers, n° 37.
JUILLET 1829.

AVIS.

Les nombreuses demandes qui me sont faites de la nouvelle *Ordonnance concernant le service des Voitures de place* m'ont engagé à l'imprimer dans un format commode et portatif. Pour faciliter l'usage de ce petit Livret indispensable à quiconque se sert de voitures de place, j'ai donné, avant l'*Ordonnance*, une *Table des Matières* par titres, articles et paragraphes, et j'ai mis à la suite de cette même *Ordonnance* l'ITINÉRAIRE arrêté officiellement pour toutes les nouvelles voitures, telles que les *Batignolaises*, *Béarnaises*, *Carolines*, *Citadines*, *Dames-Blanches*, *Diligentes*, *Écossaises*, *Favorites*, *Omnibus*, *Tricycles*, etc., etc.

Les diverses modifications que pourra subir l'*Itinéraire* de chacune de ces voitures seront opérées au fur et à mesure qu'elles seront prescrites.

A. Pihan Delaforest.

TABLE DES MATIERES.

ORDONNANCE.

ITINÉRAIRES

ORDONNANCE.

Paris, le premier juillet 1829.

Nous, Préfet de Police, vu 1° la loi du 14 décembre 1789, art. 50; — 2° La loi des 16—24 août 1790, art. 1er et 3, titre XI, paragr. Ier, qui a réglé les devoirs et les pouvoirs des corps municipaux; — 3° La loi du 9 vendémiaire an 6 (30 septembre 1797); — 4° Les articles 2, 22 et 32 de l'arrêté du Gouvernement du 12 messidor an 8 (1er juillet 1800) et l'article 1er de l'arrêté du 3 brumaire an 9 (25 octobre 1800) qui fixent les attributions du préfet de police; — 5° Le décret du 9 juin 1808, et l'ordonnance du Roi du 21 octobre 1816 qui ont déterminé le droit à payer au profit de la ville de Paris, pour chaque voiture autorisée à stationner sur les places dans Paris; — Ensemble la décision de S. Exc. le ministre de l'intérieur du 21 mars 1827, relative au même objet; — 6° Les articles 471, 474 et 484 du code pénal;

Considérant qu'un grand nombre d'ordonnances et arrêtés relatifs au service de place ont été rendus depuis plusieurs années; — Qu'il résulte du rapprochement et de la combinaison de ces divers règlemens, que plusieurs des dispositions qu'ils prescrivent, sont, ou abrogées, ou en contradiction entre elles; — Qu'il importe, dans l'intérêt général, d'apporter de nombreuses modifications aux mesures prises jusqu'à ce jour, et de les faire coordonner avec les besoins actuels du service de place ; — Considérant en outre que, pour rendre plus facile l'exécution des obligations imposées à cette industrie, il est nécessaire de réunir, dans un seul règlement, tout ce qui intéresse le service des voitures de place ; — Ordonnons ce qui suit :

TITRE Ier. *Du droit de stationnement.*

ART. 1er. Les voitures de place autorisées à stationner sur les points de la voie publique à ce affectés, continueront d'être assujéties au droit de location, établi en vertu de la loi du 11 frimaire an VII, par le décret du 9 juin 1808, l'ordonnance du roi du 21 octobre 1816, et la décision ministérielle du 21 mars 1827, chacune en ce qui la concerne. — Ce droit est fixé ainsi qu'il suit : — Pour les carrosses de place ou fiacres, 75 fr. par an. — Pour les cabriolets de l'intérieur, 160 fr. — Pour les cabriolets de l'extérieur, 80 fr.

2. La perception de ce droit continuera d'avoir lieu d'avance et par douzième. — En conséquence, les propriétaires de voitures de place verseront chaque mois, à la caisse de la Préfecture de police, le douzième du montant de ce droit ; il leur en sera délivré quittance par le trésorier de la Préfecture.

3. En cas de retard ou de refus du paiement du droit précité, ce qui résultera du bulletin remis chaque mois au commissaire de police, inspecteur en chef du service des voitures, par le trésorier de notre administration, il sera fait sommation au propriétaire des voitures de payer, dans le délai de trois jours, le montant des droits dus, le stationnement de ses voitures lui sera interdit jusqu'au paiement, sans préjudice de toutes poursuites judiciaires pour l'y contraindre.

TITRE II. — § 1er. *Des Voitures de place.*

4. Les propriétaires de fiacres et de cabriolets

de l'intérieur et de l'extérieur exploitant actuellement la voie publique seront tenus de faire, dans le délai d'un mois, à la Préfecture de police, une nouvelle déclaration de leurs voitures, à l'effet d'obtenir un nouveau permis de stationnement.

5. Les voitures de place déclarées, ainsi qu'il est dit en l'article précédent, seront estampillées d'un numéro qui sera apposé suivant la forme accoutumée. Il sera répété sur une tablette en fer battu ayant 13 centimètres de long sur 7 centimètres de hauteur, laquelle sera fixée à vis et écroux dans l'intérieur de la voiture, *au-dessus des deux carreaux de devant* pour les fiacres, et à l'extrémité supérieure du devant de la capote, pour les cabriolets.

6. Ce numérotage sera exécuté par un préposé de l'administration, et il continuera d'être aux frais des propriétaires de voitures.

7. Les nouveaux numéros ne pourront être effacés ni changés sans notre autorisation.

8. Aucune voiture de place ne sera numérotée, avant qu'elle ait été visitée par un des experts de l'administration, et qu'il ait été reconnu qu'elle réunit toutes les conditions voulues sous le rapport de la solidité et de la commodité.

9. A partir du 1er mai 1830, aucune voiture de place ne sera numérotée, si elle ne réunit les conditions suivantes, savoir :

Carrosses de place. — Capacité.

La caisse mesurée en dedans, devra avoir en hauteur, depuis la cave jusqu'à l'impériale, au moins 1 mètre, 49 centimètres (4 pieds 7 pouces). — Autant en longueur ; — Et 1 mètre, 14 centimètres (3 pieds 6 pouces) de largeur d'une portière à l'autre ; — Largeur intérieure des fonds de parcloses ou banquettes, 97 centimètres (3 pieds) ; — Distance de la banquette à l'impériale, 1 mètre

14 centimètres (3 pieds 6 pouces); — Largeur de la voie des roues de derrière, 1 mètre, 13 centimètres (3 pieds 6 pouces); — Largeur de la voie des roues de devant 97 centimètres (3 pieds); — Toutes ces mesures seront prises de dedans en dedans.

Garniture intérieure.

Chaque carrosse devra être garni de coussins bien rembourrés et recouverts, ainsi que l'intérieur de la voiture d'une étoffe propre et solide. — Il devra également être garni, à la partie inférieure, de paillassons, et pourvu de chaque côté, à l'extérieur, d'un marche-pied à deux marches, quelle que soit la distance de la caisse au sol. — Les chassis des glaces devront jouer facilement et être garnis de galons et de glands, pour pouvoir en tout temps les lever ou les baisser promptement. — Il y aura dans la caisse un cordon qui correspondra au siège de la voiture et que le cocher est tenu de passer à son bras, chaque fois que sa voiture sera occupée, afin que les personnes qu'il conduit puissent le faire arrêter à leur gré.

Accessoires extérieurs.

Les portières seront garnies de poignées en métal poli et confectionnées avec soin, pour fermer hermétiquement. — Chaque carrosse sera garni de deux lanternes adaptées à chaque côté de la caisse. — Le siège ne pourra être placé plus bas que le niveau des bayes des chassis de devant. — Il devra être garni d'un coffre destiné à recevoir au moins une botte de fourrage. — Tous les sièges seront garnis d'accotoirs ayant au moins 24 centimètres (9 pouces de haut) pour la sûreté des cochers — La cheville ouvrière devra avoir au moins une longueur de 17 centimètres (6 pouces).

Attelage.

Les chevaux seront bien accouplés, quant à la

taille, et couverts de harnais solides, vernis ou passés au noir dans toutes leurs parties. — Les traits en corde sont expressément prohibés.

Cabriolets de l'intérieur. — Capacité.

La hauteur de la caisse, mesurée du fond contre le petit coffret jusqu'au cerceau du milieu, devra être d'au moins 1 mètre 32 centimètres (4 pieds 8 pouces). — La hauteur des cerceaux de derrière, prise sur la parclose, sera au moins de 1 mètre 3 centimètres (3 pieds 2 pouces). — La caisse, quelle que soit sa forme, aura au moins 82 centimètres (2 pieds 6 pouces) de longueur d'accotoir, et 1 mètre 22 centimètres (3 pieds 9 pouces) de large de dedans à l'entrée de la portière. — La charnière de la portière sera placée en dehors de la traverse du brancard de la caisse, afin de faciliter, autant que possible, l'accès dans la voiture.

Garniture intérieure.

Chaque cabriolet devra être garni intérieurement de coussins bien rembourrés et couverts, ainsi que le pourtour, d'une étoffe propre et solide. — Un crochet sera fixé de chaque côté de la caisse, et ajusté de telle manière que la portière puisse toujours être fermée solidement.

Accessoires extérieurs.

La capote sera vernie ou passée exactement au noir. — Les lanternes qui devront être adaptées de chaque côté de la voiture, seront montées en métal poli ou vernies en noir, et garnies de glaces bien transparentes. — Un garde-crotte, soit en cuir verni, soit en tôle peinte et vernie en noir, sera fixé au bord extérieur de la caisse. — Il y aura de chaque côté du brancard, un marchepied à trois branches, et au-dessus une plaque arrondie pour poser le pied en montant ou en descendant.

Attelage.

Les chevaux seront en bon état de service et couverts de harnais solides vernis ou passés au noir dans toutes leurs parties. — Les traits en corde sont expressément prohibés.

Cabriolets de l'extérieur.

Les cabriolets de l'extérieur porteront, indépendamment du numéro, une inscription indicative du nombre de places que chaque voiture pourra contenir, de sa destination et du nom du propriétaire.—Cette inscription sera peinte par le peintre préposé au numérotage, et aux frais du propriétaire.—Aucun cabriolet de l'extérieur ne sera numéroté si chaque banquette n'a au moins en longueur, savoir : Pour les voitures à 4 places, 1 mètre (3 pieds 11 lignes), et pour celles à 6 places, 1 mètre 30 centimètres (4 pieds). — Le cocher ne devra laisser monter dans son cabriolet plus de voyageurs que le nombre indiqué par l'inscription.—Les trains et les roues de toutes les voitures de place seront peints et réchampis, et non pas seulement imprimés.

10. Au 1er avril et au 1er octobre de chaque année, il sera procédé à une visite générale des voitures de place, ainsi que des chevaux et harnais. — Cette visite sera faite par un commissaire de police assisté de l'inspecteur en chef du service des voitures, de l'expert vétérinaire de la Préfecture de police, de l'un des experts des voitures publiques et du préposé au numérotage. — Il sera dressé procès-verbal qui nous sera transmis dans les vingt-quatre heures, et qui devra constater, 1° si chaque voiture est construite avec la solidité convenable dans toutes ses parties; 2° si les harnais sont en bon état; 3° si les chevaux sont propres au service. — Il sera fait avec un poinçon une marque sur le train et les roues des voitures qui seront visitées.—Il

ne sera rien perçu pour cette opération. — Dans le cas où les voitures seraient reconnues être en mauvais état, le commissaire de police en interdira provisoirement l'usage ; à cet effet il en fera effacer le *numéro* par le peintre de la Préfecture. — Dans son procès-verbal le commissaire de police fera mention du nombre des voitures interdites et des causes d'interdiction. Il y désignera les loueurs qui auraient des chevaux incapables de servir. — Les chevaux qui seront atteints de maladies contagieuses *non contestées* seront marqués pour être livrés à l'écarissage. — En cas de contestation, il nous en sera référé. Provisoirement les chevaux seront déposés dans un lieu séparé.

11. Il sera fait en outre par les commissaires de police, et aux mêmes fins, de fréquentes visites chez les propriétaires de voitures de leurs quartiers respectifs. — De son côté l'expert vétérinaire se rendra fréquemment chez les propriétaires de voitures, à l'effet de s'assurer de l'état de leurs chevaux, et rendra compte, par un rapport hebdomadaire, du résultat de ses opérations.

12. Il est expressément défendu de faire stationner sur place des voitures en mauvais état, et d'employer des chevaux qui seraient reconnus vicieux, trop faibles ou atteints de maladies. — Les voitures défectueuses stationnant sur place, et les chevaux qui seront reconnus vicieux, trop faibles ou atteints de maladies, seront conduits à la Préfecture de police, et renvoyés immédiatement à leurs propriétaires et aux frais de ces derniers, s'il y a lieu, indépendamment de la suite à donner au procès-verbal qui devra en être dressé.

13. Il ne sera point accordé de permis de stationnement pour les carrosses de place qui ne seront point construits en formes de *Berlines*.

14. Il est fait expresses défenses à tout pro-

priétaire de voitures de louage ou autres de faire stationner sur les places aucunes voitures qui ne seraient pas numérotées.

15. Lorsqu'un propriétaire de voitures de place voudra vendre ou cesser de faire rouler une ou plusieurs de ses voitures, il en fera préalablement sa déclaration à la Préfecture de police où il rapportera en même temps son permis de stationnement. — Ces voitures seront à l'instant désestampillées, et certificat en sera délivré au déclarant.

16. Chaque fois qu'un propriétaire de voitures voudra faire effacer l'estampille apposée sur une de ses voitures hors de service, et qu'il remplacera cette voiture par une autre en bon état, il sera tenu de les faire conduire toutes deux à la Préfecture de police, pour faire exécuter sur chacune d'elles les dispositions nécessaires.

17. Les lanternes dont les fiacres et les cabriolets, tant de l'intérieur que de l'extérieur, devront être pourvus, seront allumées à la chute du jour.

18. Les chevaux de cabriolets porteront au cou un grelot mobile de cuivre battu, et dont le bruit puisse avertir les passans.

§ 2. *Des carrosses supplémentaires.*

19. Les *deux cents* carrosses de place de service supplémentaire, autorisés par l'ordonnance de police du 29 octobre 1825, continueront de circuler dans l'intérieur de Paris, et de stationner sur les places à ce affectées pour les fiacres et les cabriolets de louage.

20. Les propriétaires de ces voitures devront faire, dans le délai d'un mois, à la Préfecture de police, une nouvelle déclaration du nombre de leurs voitures, à l'effet d'obtenir un nouveau permis de stationnement.

21. Les carrosses supplémentaires ne pourront

circuler et stationner sur les places, que les jours et aux époques ci-après déterminés, savoir : — Les dimanches ; — Les quatre grandes fêtes reconnues ; — Le jour de la fête du Roi ; — La dernière quinzaine de décembre à partir du 16 ; — Le mois de janvier ; — Du dimanche qui précède le jeudi gras au mardi gras ; — Le jeudi de la mi-carême.

22. Les carrosses supplémentaires seront désignés au public par des numéros blancs de la même dimension que ceux des fiacres, et qui seront apposés dans la même forme.

23. Les carrosses supplémentaires seront assujétis, ainsi que les autres voitures de place, au paiement du droit de stationnement. — Mais attendu que les carrosses supplémentaires ne rouleront et ne stationneront sur les places de fiacres dans le cours de l'année, que pendant environ quatre mois, il sera perçu pour chacune de ces voitures, un tiers du droit de 75 fr., c'est-à-dire 25 fr. par an. — Cette somme sera payée par tiers, savoir : — Le premier, au mois de janvier, pour la circulation pendant les quatre premiers mois de l'année ; le deuxième à celui de mai, pour les quatre mois suivans ; et le troisième, à celui de septembre, pour les quatre dernier mois. — Ce droit devra être acquitté au commencement des mois sus-désignés, sous peine, par les propriétaires de ces voitures, d'être poursuivis comme il est dit en l'article III de la présente ordonnance.

24. Les carrosses supplémentaires demeurent soumis à toutes les autres obligations imposées aux voitures de place par la présente ordonnance

TITRE III. *Des propriétaires de voitures de place.*

25. L'autorisation de faire circuler et stationner des voitures de place sur la voie publique, ne

pourra être accordée qu'à des individus qui offriront une garantie suffisante à l'autorité et au public.

26. Tout propriétaire de voitures de place est tenu de faire peindre sur le mur, et au-dessus de la porte de son établissement, en caractères apparens ses noms et profession. — Toutes les fois qu'il changera de domicile, il est tenu d'en faire, au moins huit jours d'avance, la déclaration à la Préfecture de police.

27. Lorsqu'un propriétaire de voitures de place cédera une ou plusieurs de ses voitures à un tiers pour les exploiter en son lieu et place, il devra en faire la déclaration préalable à la Préfecture de police, et la substitution sollicitée ne pourra avoir lieu sans notre autorisation.

28. Les propriétaires de Voitures de place ne pourront se servir que de cochers porteurs d'un *Permis de conduire*, délivré par la Préfecture de police, et d'une carte de sûreté ou permis de séjour.

29. Tout propriétaire de voitures de place, en prenant un cocher, est tenu d'inscrire, sur le permis de conduire de ce cocher, la date de son entrée à son service. — Lorsque ce cocher quittera l'établissement, le propriétaire inscrira aussi sur le permis la date de la sortie.

30. Chaque propriétaire de voitures de place tiendra un registre sur lequel il inscrira de suite, les noms et domicile de ses cochers. Le propriétaire inscrira chaque jour sur ce registre, le numéro de la voiture dont il aura confié la conduite au cocher.

31. Il lui sera délivré un livret de maître pour chacune de ses voitures, qui contiendra, avec un exemplaire de la présente ordonnance, le permis de circuler et de stationner et le signalement de la voiture. — Il sera perçu, pour le livret de

maître, une somme de 70 centimes, montant des frais d'impression, et pour le timbre du permis de stationnement 35 centimes.

32. Aucune voiture de place ne pourra circuler, sans être pourvue du livret exigé par l'article précédent, et que le cocher devra représenter à toute réquisition de l'autorité et du public.

33. A défaut par tout propriétaire de voitures de place de représenter le cocher attaché à son service et qui serait prévenu de délit ou de contravention, il sera tenu de faire à la Préfecture de police le dépôt du permis de conduire de ce cocher. — Si le propriétaire ne se conforme pas à cette disposition, il sera pris contre lui telles mesures que réclameront la sûreté et la vindicte publique.

34. Dans aucun cas, et pour quelque cause que ce soit, les propriétaires de voitures de place ne pourront retenir les permis de conduire des cochers, lorsque ceux-ci quitteront leur établissement. Ces permis seront déposés à la Préfecture de police par les propriétaires dans les vingt-quatre heures qui suivront la sortie des cochers. —Les discussions d'intérêts qui pourraient s'élever entre les propriétaires et les cochers, devront être portées devant les tribunaux compétens.

35. Il est fait expresses défenses à tous propriétaires de voitures de place de confier la conduite de ses voitures à des cochers qui ne seraient point vêtus proprement.

TITRE IV. — *Des Cochers.*

36. La profession de cocher de voitures de place ne peut être exercée par des individus ayant moins de dix-huit ans.

37. Tout individu qui voudra embrasser cette profession, devra justifier de sa moralité, et produire en outre ses papiers de sûreté, ainsi

qu'un certificat délivré par deux propriétaires de voitures de place constatant qu'il sait conduire.

38. Les livrets de cochers de place, délivrés jusqu'à ce jour, seront échangés contre un *permis de conduire*, indiquant : — 1o Son numéro d'inscription à la Préfecture de police ; — 2o Ses noms et prénoms ; — 3o Son signalement ; — 4o Le lieu de sa naissance ; — 5o Son domicile ; — Ce permis contiendra en outre un extrait de l'ordonnance en ce qui concerne les cochers.

39. Il sera perçu, pour le coût de ce permis de conduire, la somme de 70 centimes, montant des frais d'impression.

40. Ce permis de conduire restera déposé à la Préfecture de police pendant tout le temps que le cocher ne sera point employé chez un propriétaire de voiture. — Le cocher recevra en échange un *bulletin de dépôt*, indiquant qu'il est pourvu d'un permis de conduire. — Ce bulletin mentionnera aussi l'obligation où est le propriétaire de voitures de retirer à la Préfecture de police le permis de conduire du cocher, le jour même de l'entrée de ce dernier à son service, et de déposer ce permis à la Préfecture, le lendemain de la sortie du cocher.

41. Dès qu'un cocher entrera chez un propriétaire de voitures, il lui sera délivré, par ce dernier, un *bulletin d'entrée au service*, dont il devra toujours être porteur tant qu'il sera occupé par le propriétaire, et qui devra être visé dans les vingt-quatre heures à la Préfecture de police. — Ce bulletin contiendra le numéro de la voiture et le signalement du cocher.

42. Tout cocher de voitures de place devra en outre être pourvu d'une médaille. — Les propriétaires de voitures qui conduiront eux-mêmes seront astreints à la même obligation.

43. Cette médaille sera délivrée à la Préfecture

de police ; elle sera en cuivre pour les cochers, elle pourra être en argent ou argentée pour les propriétaires de voitures.—Chaque médaille portera les noms et prénoms de celui qui l'aura obtenue, avec la légende *Cocher de voiture de place*, ou *Propriétaire de voiture de place*. — Il y aura en outre sur celle du cocher le numéro d'inscription de son permis de conduire. — Le coût de cette médaille continuera d'être à la charge, soit des cochers, soit des propriétaires. — Le prix des médailles en cuivre est fixé 1 fr. 50 c. — Ces médailles seront confectionnées par le graveur de la Préfecture de police.

44. Tout cocher conduisant une voiture de place devra être muni ; 1° du livret de maître, contenant le numéro et le permis de stationnement de la voiture et la présente ordonnance; 2° du bulletin d'entrée en service, dont il est parlé en l'art. 41 ci-dessus ; 3° de papiers de sûreté. — Il portera sa médaille sur la poitrine, attachée à la boutonnière de son habit, d'une manière ostensible. — Il devra représenter sa médaille, ainsi que son bulletin d'entrée et le livret de maître à toute réquisition, soit du public, soit de l'autorité. — En cas de refus ou d'impossibilité, le cocher sera conduit chez le commissaire de police le plus voisin, pour y donner les explications nécessaires ; sur le vu du procès-verbal qui sera dressé par le commissaire de police, il sera pris, contre le cocher, telle mesure qu'il appartiendra. Dans tous les cas, la voiture sera conduite immédiatement à la Préfecture de police, pour de là être renvoyée à son propriétaire aux frais de ce dernier.

45. Il est expressément défendu à tout cocher de confier sa médaille et la conduite de sa voiture à qui que ce soit, sous peine d'être

privé irrévocablement de cette médaille et de son permis de conduire. — Les propriétaires qui prêteront leurs médailles pourront être privés du numéro de leurs voitures.

46. Lorsqu'un cocher quittera l'établissement d'un propriétaire de voitures, il devra remettre sa médaille à ce dernier, qui est tenu de la rapporter dans les vingt-quatre heures à la Préfecture de police avec le permis de conduire, ainsi qu'il est prescit dans l'art. 34. — Tout cocher, en quittant le service d'un propriétaire, est tenu de lui remettre le livret de maître, et le permis de stationnement de la voiture qu'il était chargé de conduire. En cas de refus du cocher de remettre au propriétaire soit la médaille, soit le livret de maître, soit le permis de stationnement, ce propriétaire devra en faire la déclaration à la Préfecture de police dans les vingt-quatre heures.

47. Lorsqu'un cocher de place changera de domicile, il sera tenu d'en faire, au moins trois jours d'avance, la déclaration à la Préfecture de police.

48. Toute voiture de place conduite par un cocher qui serait dans un état de malpropreté évidente, sera amenée à la Préfecture de police, pour être de là renvoyée au propriétaire et aux frais de ce dernier.

49. Il est défendu aux cochers de quitter leurs voitures, soit qu'elles stationnent sur les places à ce affectées, soit qu'elles attendent à la porte des particuliers.

50. Il leur est aussi défendu de parcourir la voie publique pour offrir leurs voitures aux passans.

51. En cas d'infraction aux deux articles précédens, il sera procédé à l'égard de la voiture comme il est dit en l'art. 48 ci-dessus, in-

dépendamment de la suite à donner à la contravention.

52. Il est fait expresses défenses aux cochers de laisser monter qui que ce soit sur le siège de leurs voitures, excepté les apprentis. — Défense aussi leur est faite de laisser monter derrière leurs voitures d'autres individus que les domestiques des personnes qui se trouveront dans leurs voitures. — Il leur est aussi défendu de fumer lorsqu'ils conduiront.

53. Les cochers ne pourront être contraints de recevoir dans leurs voitures plus de quatre personnes et un enfant, ni d'y laisser monter des animaux.

54. Les personnes qui auront à se plaindre d'un cocher sont invitées à en donner connaissance par écrit, soit à la Préfecture de police, soit au bureau de l'un des commissaires de police de Paris, en ayant soin d'indiquer le numéro de la voiture, ainsi que le jour, le lieu et l'heure auxquels elle aura été prise et quittée.

55. En cas d'accidens graves causés sur la voie publique par un cocher de voiture de place, il devra être immédiatement conduit à la Préfecture de police pour y être interrogé, et être ultérieurement procédé à son égard, ainsi qu'il appartiendra.

56. Il est enjoint aux cochers de visiter immédiatement, après chaque course, l'intérieur de leurs voitures, et de remettre sur-le-champ aux personnes qu'ils auront conduites les effets qu'elles y auraient laissés. — A défaut de possibilité de la remise prescrite ci-dessus, il est ordonné aux cochers de faire, dans le jour, à la Préfecture de police, la déclaration et le dépôt des effets qu'ils auront trouvés dans leurs voitures.

57. Il est défendu à tout cocher de voitures de place de traverser les halles du centre avant dix heures du matin.—Sa voiture devra en outre être conduite au pas, dans les marchés et les rues étroites où deux voitures seulement peuvent passer de front, ainsi qu'à la descente des ponts. — Il est enjoint aux cochers conduisant un carrosse ou cabriolet de place, de ne point faire galoper leurs chevaux, dans quelques circonstances que ce soit.

58. Toute coalition, tendant à imposer des conditions aux propriétaires de voitures de place, est défendue aux cochers, sous les peines de droit, et sans préjudice de la mesure administrative prévue en l'article 59 de la présente ordonnance.—Lorsqu'ils voudront quitter l'établissement où ils seront employés, ils devront en prévenir le propriétaire *au moins trois jours d'avance*.

59. Lorsqu'il sera reconnu qu'un cocher de place, soit par le fait de plaintes graves ou réitérées, soit à cause de ses infirmités ou de tout autre motif qui serait de nature à compromettre la sûreté publique, ne présente plus les conditions nécessaires à l'exercice de sa profession, le permis de conduire pourra lui être retiré.

60. Lorsque le permis de conduire aura été retiré à un cocher, ce permis et la médaille devront être rapportés immédiatement à la Préfecture de police par le propriétaire de la voiture, aussitôt que ce dernier en aura reçu l'ordre.

61. Tout propriétaire de voiture de place qui emploierait un cocher auquel ce permis de conduire aurait été retiré, pourra être privé du numéro de la voiture dont la conduite aurait été confiée à ce cocher.

§ 2. *Des apprentis cochers.*

62. Tout individu qui voudra être apprenti cocher, devra justifier d'un certificat de moralité, de ses papiers de sûreté et d'un certificat constatant qu'un propriétaire de voitures de place s'engage à le prendre à son service.

63. Lorsqu'il aura fait les justifications nécessaires, il lui sera délivré un extrait timbré de son inscription au registre. — Il sera perçu 70 c. pour le prix du timbre de cet extrait.

64. Aucun apprenti ne pourra être reçu cocher de voitures de place qu'au bout d'un mois d'apprentissage, si toutefois il est reconnu qu'il est apte à conduire une voiture.

65. Il devra alors remplir les formalités nécessaires pour obtenir un permis de conduire de cocher.

66. Les apprentis ne pourront jamais conduire seuls. — Il leur est interdit de monter sur le siège après le coucher du soleil.

TITRE V. *Tarif du louage.*

67. A compter du jour de la publication de la présente ordonnance, le prix des courses des voitures de place, dans Paris, sera réglé ainsi qu'il suit :

CARROSSES.

De six heures du matin à minuit.

	fr.	c.
Pour chaque course............	1	50
Pour la première heure.........	2	»
Pour chacune des autres heures...	1	50
De minuit à six heures du matin.		
Pour chaque course.............	2	»
Pour chaque heure..............	3	»
Pour aller à Bicêtre............	4	»
Pour y aller, y rester une heure et revenir......................	6	»

CABRIOLETS.

De six heures du matin à minuit

	f.	c.
De 1 à 15 minutes.............	»	60
Pour chaque minute en sus.....	»	2 1/2
Pour chaque course............	1	25
Pour la première heure.........	1	50
Pour chacune des autres heures..	1	25
De minuit à six heures du matin.		
Pour chaque course............	1	75
Pour chaque heure..............	2	50
Pour aller à Bicêtre.............	3	»
Pour y aller, y rester une heure et revenir	5	»

Une plaque indicative du tarif sera placée dans l'intérieur des fiacres et cabriolets.

68. Tout cocher pris avant minuit, et qui arrivera à sa destination après minuit, n'aura droit qu'au prix du tarif du jour, mais seulement pour la première course ou la première heure. — Celui qui aura été pris avant six heures du matin, et qui n'arrivera à sa destination qu'après six heures, aura droit au tarif de nuit, mais seulement pour la première course ou la première heure.

69. Tout cocher qui aura été appelé sur place pour aller à domicile, et qui sera renvoyé sans être employé, recevra *seulement* le prix d'une demi-course, à titre d'indemnité de déplacement.

70. Tout cocher qui, dans une course, est détourné de son chemin, par la volonté de la personne qui l'emploie, est censé avoir été pris à l'heure, et sera payé en conséquence.

71. Les cochers sont autorisés à se faire payer d'avance, lorsqu'ils conduiront des personnes aux spectacles, bals, lieux de réunion et di-

vertissemens publics. — Ils sont aussi autorisés à se faire payer d'avance, lorsqu'ils descendront quelqu'un à l'entrée d'un jardin public, ou de tel autre lieu où il est notoire qu'il existe plusieurs issues.

72. Le cocher qui charge, pendant qu'il se rend à une place, ou lorsqu'il se trouve hors de place, est censé avoir été pris sur place, et ne peut exiger un salaire plus élevé que celui du tarif, soit qu'il soit pris à l'heure, soit qu'il marche à la course.

73. Tout cocher pris sur place ou ailleurs sera tenu de marcher à toute réquisition.

74. Pour prévenir, autant que possible, les discussions qui pourraient s'élever entre le public et les cochers, relativement au tarif, il est enjoint à ces derniers de demander aux personnes qui montent dans leurs voitures, si elles entendent être conduites à l'heure ou à la course, ou à la minute, s'il s'agit d'un cabriolet.

TITRE VI. — § 1. *Du stationnement des voitures de place et de leur conduite.*

75. Il sera établi des places de stationnement sur les différens points de la voie publique où elles seront jugées nécessaires. — Les places de stationnement existant en ce moment, pourront être conservées, s'il y a lieu. — Il sera établi en outre des avançages de voitures de place, toutes les fois que le besoin du service l'exigera. Aucune voiture de place ne pourra stationner ailleurs, à moins qu'elle ne soit louée.

76. Un surveillant nommé et salarié par les loueurs, et agréé par nous, sera attaché à chaque place de stationnement. — Il surveillera aussi les avançages qui pourraient dépendre de cette place.

77. Chaque surveillant de place sera pourvu d'une médaille en cuivre argenté, portant en légende :

SURVEILLANCE DES PLACES DE STATIONNEMENT.

Cette médaille sera fournie à ses frais. — Le surveillant devra la porter d'une manière assez apparente, pour qu'il soit facilement reconnu du public et des cochers.

78. Les principales attributions des surveillans de place consistent : — 1° A maintenir l'ordre sur les places de stationnement ; — 2° A tenir un registre du mouvement exact des voitures ; — 3° A en adresser, chaque jour, le relevé au commissaire-inspecteur en chef de l'attribution ; — 4° A recevoir les plaintes du public, et lui donner tous les renseignemens nécessaires ; — 5° A signaler à l'inspecteur en chef du service, toute voiture qui serait reconnue en mauvais état ou attelée de chevaux impropres au service ; — 6° A procéder de la même manière à l'égard des voitures abandonnées des cochers, ou qui seraient confiées à des cochers qui auraient été exclus du service de place, ou dont l'inconduite donnerait lieu à des plaintes ; — 7° Enfin à assurer, en ce qui les concerne, l'exécution complète des règlemens relatifs aux voitures.

79. Il sera établi aux frais des loueurs, sur chaque place de stationnement un bureau mobile pour le surveillant.

80. Le service des surveillans commence à six heures du matin, du 1er avril au 30 septembre, et à sept heures, du 1er octobre au 31 mars. — Il se prolonge en tout temps jusqu'à minuit.

81. Pour ce qui concerne le service de place, les surveillans devront déférer aux injonctions des agens et préposés de l'autorité.

82. Dans les rues et sur les places de stationnement, il est enjoint aux cochers de laisser entre les voitures et les maisons, ainsi qu'entre chacune desdites voitures, un passage libre pour la circulation. — Il leur est aussi ordonné de laisser libre le débouché de toutes les rues, impasses, issues et portes-cochères.

83. A son arrivée sur une place et à son départ, chaque cocher devra avertir le Surveillant, afin que ce dernier en prenne note sur sa feuille de mouvement.

84. Les cochers conserveront le rang de leur arrivée sur la place de stationnement. — Ils se tiendront sur leur siège ou à la tête de leurs chevaux. — Il leur est défendu d'interrompre la fil du stationnement. — Les trois premiers en tête de la place ne doivent, sous aucun prétexte, quitter, même momentanément, leurs voitures.

85. Aucun cocher de voitures de louage stationnant sur une des places à ce affectées, ou sur les endroits de la voie publique où il lui est permis de se placer, lors des fêtes publiques et de la sortie des spectacles, ne peut, sous aucun prétexte que ce soit, et quel que soit le rang que sa voiture occupe dans la file, se refuser de marcher à toute réquisition.

86. Il est fait défense à tout cocher d'interrompre la file des voitures à la sortie des spectacles.

87. Il est défendu de faire stationner aucune voiture sur la place de la rue de la Féronnerie, avant neuf heures du matin, du 1er avril au 1er octobre, et avant dix heures, du 1er octobre au 1er avril.

88. Aucun cocher ne pourra faire stationner sa voiture sur les places, depuis *minuit* jus-

qu'à six heures du matin. — Sont exceptées de ces dispositions, les places dont les noms suivent : 1° La place du Palais-Royal ; — 2° Celle de la rue Montmartre ; — 3° Du quai de la Grève ; — 4° De la rue de Sèvres ; — 5° Du quai des Augustins ; — 6° De la place Maubert ; — 7° De la rue Mazarine ; — 8° De la rue Royale ; — 9° De la rue Culture Sainte-Catherine ; — 10° De la rue de la Roquette.

§ 2. *De la conduite des Voitures de place.*

89. Les voitures ne pourront arriver aux théâtres que par les rues désignées dans les consignes.

90. Il est défendu aux cochers de quitter, sous quelque prétexte que ce soit, les rènes de leurs chevaux, pendant que descendront ou remonteront les personnes qu'ils auront conduites au spectacle.

91. Les voitures ne pourront aller qu'au pas, et sur une seule file, jusqu'à ce qu'elles soient sorties des rues environnant les spectacles.

TITRE VII. *Dispositions générales.*

92. Les propriétaires de voitures de place sont civilement responsables des faits des cochers qu'ils emploient, en tout ce qui concerne leur service.

93. Les contraventions à la présente Ordonnance seront constatées, soit par des procès-verbaux, soit par des rapports qui nous seront transmis, et qui seront dressés par des agens ou préposés de notre administration.

94. Il sera pris envers les contrevenans telles mesures qu'il appartiendra, sans préjudice des poursuites à exercer contre eux devant les tribunaux.

95. Tous règlemens ou arrêtés antérieurs, relatifs au service de place, sont abrogés.

96. La présente ordonnance sera imprimée et affichée. — Les sous-préfets des arrondissemens de Saint-Denis et de Sceaux, les maires des communes rurales du ressort de la Préfecture de police, le chef de la police municipale, les commissaires de police, le commissaire de police inspecteur en chef du service des voitures, les officiers de paix, et les préposés de la Préfecture de police sont chargés de tenir la main à son exécution, chacun en ce qui le concerne. — Elle sera adressée en outre à M. le colonel de la ville de Paris, commandant la Gendarmerie royale, et à M. le commandant de la Gendarmerie du département de la Seine, pour qu'ils en assurent l'exécution par tous les moyens qui sont à leur disposition.

Le préfet de police, signé, DEBELLEYME,

Par le préfet,

Le secrétaire-général,

Signé, Ed. L[t]. DE BLOSSAC.

ITINÉRAIRES.

BATIGNOLAISES.

Du Cloitre Saint-Honoré, à la Barrière de Clichy, par les rues Saint-Honoré, Saint-Roch, et de la Chaussée-d'Antin, prix : 30 c.

Ces voitures, une fois arrivées à leur destination, reviennent par la même route.

Chaque voyageur peut faire arrêter la voiture pour y monter ou en descendre.

BÉARNAISES.

De la Place de la Bourse, à la Place Saint-Sulpice, par les rues Vivienne, Neuve-des-Petits-Champs, de la Vrillère, Croix-des-Petits-Champs, du Coq, la place du Louvre, le Quai, le Pont-Neuf, les rues Dauphine, de Bussy, de Seine, du Petit-Bourbon.

CAROLINES.

Ligne du Louvre à la barrière de l'Ecole militaire, par les rues du Coq Saint-Honoré, Saint-Honoré, le Palais-Royal, rue de Rohan, place du Carrousel, pont Royal, rues de Belle-Chasse, de Saint-Dominique, esplanade des Invalides, avenue de la Motte-Piquet, avenue de Lowendal, barrière de l'Ecole militaire en dehors de la barrière, Beau-Grenelle.

Ligne du Louvre à la barrière de l'Etoile, par les rues du Coq Saint-Honoré, Saint-Honoré, place du Palais-Royal, les rues Saint-Nicaise, Rivoli, place Louis XVI, Champs-Elisées, barrière de l'Etoile.

Correspondance des voitures de la même entreprise jusqu'au pont de Neuilly.

Ligne du Louvre à la rue de l'Arcade, par

les rues du Coq Saint-Honoré, Saint-Honoré, place du Palais-Royal, rues Saint-Nicaise, de Rivoli, Castiglione, place Vendôme, rues Neuve des Capucines, Caumartin, Thiroux, Sainte-Croix, Saint-Lazare, de l'Arcade.

Ligne de Bercy à la Grève, par les quais jusqu'à Bercy.

Ligne de la place de la Fidélité, faubourg Saint-Denis, à Chaillot, par les rues du faubourg Saint-Denis, des Petites-Ecuries, Richer, de Provence, Saint-Nicolas, de l'Arcade, Saint-Lazare, Pépinière, d'Angoulême, Champs-Elisées, Chaillot, rue Bizet.

CITADINES.

De la PLACE DE GRÈVE à la COURTILLE, par les rues du Mouton, Tixeranderie, des Coquilles, Bar-du-Bec, Saint-Avoye, du Temple, faubourg du Temple, barrière de Belleville.

De l'ILE SAINT-LOUIS à la BARRIÈRE DE BELLEVILLE, par les rues des Nonandières, Saint-Antoine, Culture-Sainte-Catherine, Sainte-Catherine, Saint-Louis, Beucherat, Charlot, le boulevard et le faubourg du Temple.

De la PLACE DES PETITS-PÈRES à la COURTILLE, par les rues des Fossés-Montmartre, Montmartre, du Cadran, Montorgueil, Saint-Sauveur, Saint-Denis, Grenétat, Saint-Martin, Notre-Dame-de-Nazareth, du Temple, faubourg du Temple, barrière de Belleville.

DAMES-BLANCHES.

De la PORTE SAINT-MARTIN à la BASTILLE.

De la PORTE SAINT-MARTIN à la MADELEINE.

De la PORTE SAINT-MARTIN à la PLACE SAINT-ANDRÉ-DES-ARTS, par la rue Saint-Martin, le pont de Notre-Dame, le quai aux Fleurs, la grille du Palais de Justice, et la place Saint-André-des-Arts.

Les voyageurs prennent les voitures, Carré Saint-Martin, au bureau des Dames-Blanches, et sur la place Saint-André-des-Arts.

De la PORTE SAINT-MARTIN au PONT-NEUF, par les rues de la Monnaie, du Roule, des Prouvaires, Traînée, Comtesse d'Artois, Mauconseil, aux Ours et Saint-Martin.

DILIGENTES.

Du MARCHÉ ST.-JEAN à la CHAUSSÉE-D'ANTIN, par les rues de la Verrerie, des Lombards, Saint-Denis, de la Ferronnerie, Saint-Honoré, place du Palais-Royal, rue et marché Saint-Honoré, rues Louis-le-Grand et de la Chaussée-d'Antin.

ECOSSAISES.

Du FAUBOURG MONTMARTRE à la RUE DES FOSSÉS SAINT-VICTOR, par les rues du Faubourg-Montmartre, Montmartre, Neuve-Saint-Eustache, Bourbon-Villeneuve, du Caire, Saint-Denis, aux Ours, Saint-Martin, Grenier Saint-Lazare, Michel-le-Comte, Sainte-Avoie, Sainte-Croix-de-la-Bretonnerie, Vieille du Temple, Saint-Antoine, de Jouy, des Nonandières, l'Ile Saint-Louis, quai de la Tournelle, rue des Fossés-Saint-Bernard jusqu'à celle des Fossés-Saint-Victor.

FAVORITES.

De la CHAPELLE (Saint-Denis), n° 54, à la PLACE DAUPHINE, par le faubourg Saint-Denis, les rues de l'Echiquier, près la porte Saint-Denis, le faubourg Poissonnière, les boulevarts, les rues Poissonnière, de Cléry, du Mail, la place des Victoires, les rues Croix-des-Petits-Champs, Saint-Honoré, du Coq, la place du Louvre, le quai de l'Ecole, et le Pont-Neuf.

De la PLACE DAUPHINE à VAUGIRARD, par les rues Dauphine, de Bussy, Sainte-Marguerite, le carrefour Saint-Benoît, les rues Taranne, du Dragon, la Croix-Rouge, la rue et la barrière de Sèvres.

Du PETIT MONTROUGE au PALAIS DE JUSTICE, par la rue d'Enfer, la place Saint-Michel, la rue de la Harpe, le Pont Saint-Michel, la rue de la Barillerie.

Du PALAIS DE JUSTICE à la CHAPELLE, par la rue de la Barillerie, le Pont-au-Change, la place du Châtelet, la rue et la porte Saint-Denis, le faubourg et la Barrière Saint-Denis.

Du FAUBOURG MONTMARTRE, n° 73 à la PLACE DAUPHINE, par le faubourg Montmartre, les rues Montmartre, du Jour, des Prouvaires, de la Monnaie, le Pont-Neuf.

Des CHAMPS-ELYSÉES au PARVIS SAINT-EUSTACHE, par les rues Montaigne, du Faubourg du Roule, Saint-Honoré, le boulevart de la Madeleine, les rues des Capucines, Neuve-des-Petits-Champs, et Coquillière.

Du PONT-NEUF, à la RUE MOUFFETARD, près les Gobelins, par la place Dauphine, rue du Harlay, quai des Orfèvres, Pont Saint-Michel, Rues de la Vieille-Bouclerie, Saint-Séverin, Saint-Jacques, des Noyers, marché des Carmes, place Maubert, rue Saint-Victor, la Halle aux Vins, la rue et la grille du Jardin du Roi, près le marché aux chevaux, les rues Censier, Mouffetard.

OMNIBUS.

Du CARROUSEL AU ROULE, par la rue et le faubourg Saint-Honoré. — Du même point à Passy, par les quais. — Du même point à la Bastille, par les quais, la place de Grève et la rue Saint-Antoine. — Du même point à la rue Bleue, faubourg Montmartre, par la rue de Richelieu, la rue Bergère, la rue Cadet et la rue Bleue. — Du même point à la rue de l'Est près le Luxembourg, par le quai, le Pont-Neuf, la rue Guénégaud, celles Saint-Germain-des-Prés, de l'Odéon, de Vaugirard et celle de l'Est. — Du même point à la barrière de l'École, par le pont Royal, la rue du Bac et celle de Sèvres.

Du BOULEVARD SAINT-DENIS, près la porte Saint-Martin, à la VILLETTE, par la rue du faubourg Saint-Martin. — Du même point à la Madeleine, par les boulevards. — Du même point à la Bastille, par les boulevards.

De la place de la BASTILLE — Du même point à la BARRIÈRE DU TRONE, par la rue du faubourg Saint-Antoine.

De l'impasse CONTI, près la Monnaie, au Gros-Caillou, par les quais, l'esplanade des Invalides et la rue Saint-Dominique. — Du même point au Jardin du Roi, par le quai de la Vallée et le quai Saint-Bernard. — Du même point à la porte Saint-Martin, par le Pont-Neuf, la place du Louvre, la rue du Coq, la rue Croix-des-Petits-Champs, la place des Victoires, la rue des Fossés-Montmartre, rue Bourbon-Villeneuve, le boulevard Saint-Denis jusqu'à la porte Saint-Martin.

De la PLACE SAINT-SULPICE à la RUE BLEUE, faubourg Montmartre, en passant par la rue du Vieux Colombier, le carrefour de la Croix-Rouge, les rues du Dragon, Taraune, des Saints-Pères, le quai Voltaire, le Pont-Royal, le Carrousel, la rue Richelieu, Grange-Batelière, faubourg Montmartre, la rue Cadet.

TRISYCLES.

De la PLACE DES VICTOIRES (siège du bureau central), à la PLACE DE LA BASTILLE, par la rue Croix-des-Petits-Champs, les rues Coquillière, J.-J. Rousseau, Tiquetonne, Mauconseil, aux Ours, Grenier-Saint-Lazare, Michel-le-Comte, des Vieilles Audriettes, des Quatre-Fils, vieille rue du Temple, des Francs-Bourgeois, place Royale, et rue Saint-Antoine.

De la PLACE DES VICTOIRES, au BOULEVARD MONT-PARNASSE, par la rue Montesquieu, la place du Palais-Royal, le Carrousel, le Pont-Royal, les rues du Bac et de Sèvres.

Le prix d'une station à l'autre, pour ces différentes voitures, est de 25 c.

www.ingramcontent.com/pod-product-compliance
Ingram Content Group UK Ltd.
Pitfield, Milton Keynes, MK11 3LW, UK
UKHW020441220726
13923UKWH00005B/2269

9 782019 628703